Collection G. P.

Estampes

DE

L'ÉCOLE FRANÇAISE DU XVIIIᵉ SIÈCLE

AVRIL 1896

Mᵉ MAURICE DELESTRE	M. JULES BOUILLON
Commissaire-priseur	Marchand d'Estampes de la Bibliothèque nationale
RUE SAINT-GEORGES, 5	RUE DES SAINTS-PÈRES, 3

CATALOGUE

DE TRÈS BELLES

ESTAMPES

DE

L'ÉCOLE FRANÇAISE

DU XVIIIᵉ SIÈCLE

CATALOGUE

DE TRÈS BELLES

ESTAMPES

DE

L'ÉCOLE FRANÇAISE

DU XVIII° SIÈCLE

IMPRIMÉES EN COULEUR ET EN NOIR

COMPOSANT

La Collection de M. G. P***.

DONT LA VENTE AUX ENCHÈRES PUBLIQUES AURA LIEU

HOTEL DES COMMISSAIRES-PRISEURS, RUE DROUOT, N° 9

SALLE N° 7

Les jeudi 23 et vendredi 24 avril 1896

A deux heures.

Par le ministère de M° **MAURICE DELESTRE**, Commissaire-Priseur,

5, rue Saint-Georges.

Assisté de **M. JULES BOUILLON**, marchand d'estampes de la Bibliothèque

nationale, rue des Saints-Pères, 3.

EXPOSITION PUBLIQUE : Le mercredi 22 avril 1896,

De deux heures à cinq heures.

CONDITIONS DE LA VENTE

La vente sera faite au comptant.

Les acquéreurs payeront *cinq pour cent* en sus des enchères, applicables aux frais.

M. Jules Bouillon, chargé de la direction de la vente, se réserve la faculté de rassembler ou de diviser les lots.

ORDRE DES VACATIONS

Jeudi,	23 avril...................................	1 à 117
Vendredi, 24	—	165 à 227
—	— —	118 à 164
—	— — .... LIVRES :	228 à 233

DÉSIGNATION

ESTAMPES

BALTARD

1. Vue de la cour du Louvre en l'an IX, avec un grand nombre de personnages.
   Superbe épreuve avant la lettre, imprimée en bistre, marge.

BAUDOUIN (d'après P.-A.)

2. Les Amants surpris, par P.-P. Choffard. 1767. (E. B., 3).
   Très belle épreuve avant la lettre. Rare.

3. L'Amour à l'épreuve, par Beauvarlet (5).
   Superbe et très rare épreuve du premier état, à l'eau-forte pure.

4. Le Carquois épuisé, par N. de Launay (11).
   Très belle épreuve du premier état, à l'eau-forte pure; dans cet état, le carquois de l'Amour n'existe pas, on voit à sa place une touffe de roses. Très rare.

5. Les Cerises, par N. Ponce (13).
   Très belle et rare épreuve du premier état, à l'eau-forte pure.

6. Le Coucher de la Mariée, gravé à l'eau-forte par J.-M. Moreau, et terminé au burin par J.-B. Simonet. 1768 (16).
   Superbe épreuve à l'eau-forte pure, avant toutes lettres, seulement le nom de J.-M. Moreau le J., 1768, tracé à la pointe sèche sous le trait carré. Extrêmement rare en cet état.

7. Le Curieux, par P. Maleuvre.
   Superbe et très rare épreuve, avant toutes lettres et avant l'encadrement. Dans cet état, le personnage que l'on aperçoit derrière la porte a un rabat, lequel, ayant été couvert par des travaux, ne se voit plus dans les états suivants; marge.

8. La même estampe.
   Très belle épreuve avant la lettre, mais avec l'encadrement.

BAUDOUIN (d'après P.-A.)

9. La même composition, gravée en contre-partie de format in-4°, par Metz.

Très belle épreuve imprimée en bistre. Rare.

10. Le Désir amoureux, par D. Mixelle (E. B. 19).

Superbe épreuve avant toutes lettres et avant que les têtes des deux amants que l'on aperçoit, à droite, par une éclaircie, aient été remplacées par deux colombes, imprimée en couleur, avec marge. Très rare.

11. L'Enlèvement nocturne, par N. Ponce (20)

Très rare épreuve à l'état d'eau-forte, avant toutes lettres et avant les armes.

12. L'Eveillé, par Metz, réduction de la pièce de Baudouin, intitulée : Marchez tout doux, parlez tout bas, imprimée en bistre.

Superbe épreuve avec marge. Très rare.

13. Perette, par H. Guttenberg (36).

Superbe épreuve avant la lettre, toute marge. Rare.

BAUDOUIN et EISEN (d'après)

14. Les Plaisirs réunis, d'après Baudouin (E. B. 37). — Le Réveil dangereux, d'après Eisen. Deux pièces faisant pendants, gravées à la sanguine par Briceau.

Très belles épreuves. Rares.

BAUDOUIN et HUET (d'après)

15. Le Goûter (E, B., 24), — Le Déjeuner, — Le Dîner, — Le Souper. Suite de quatre pièces gravées par L. Bonnet.

Superbes épreuves imprimées en couleurs.

BEAUVARLET (J.-F.)

16. Du Barry (Mme la Comtesse) en costume de chasse, d'après Drouais. In-fol.

Superbe et rare épreuve avant la lettre.

BERTAUX (DUPLESSIS)

17. La Bienfaisance ingénieuse (Elleviou aux Champs-Elysées).
    Deux épreuves dont une à l'eau-forte pure, avec toute sa marge.

BERTAUX (d'après DUPLESSIS)

18. Le Charlatan français, — Le Charlatan allemand. Deux pièces faisant pendants, gravées par Helman. 1777.
    Très belles et rares épreuves avant la dédicace.

19. Le Charlatan français, par Helman. 1777.
    Très rare épreuve à l'état d'eau-forte.

20. L'Instant de la gaieté, — La Réflexion tardive, — La Perte irréparable, — La Chambrière instruite. Suite de quatre pièces.
    Belles épreuves.

BINET (d'après)

21. Le Chasseur, — La Nourrice élégante. Deux pièces faisant pendants, gravées par Boignet et Du Gast.
    Superbes épreuves à l'état d'eau-forte pure, avant toutes lettres. Rares.

BOILLY (d'après L.)

22. Le Bouquet chéri, par A. Chaponnier.
    Très belle épreuve avant la lettre.

23. Défends-moi, par Petit.
    Superbe épreuve avant toutes lettres, marge.

24. Le Prélude de Nina, par A. Chaponnier.
    Très belle épreuve avant la lettre.

BONNET (L.)

25. *Du Barry* (Mme la Comtesse), buste fort comme nature, d'après Drouais.
    Très belle épreuve imprimée en sanguine, marge.

26. Portrait en buste de Mlle Vanloo, d'après C. Vanloo. In-fol.
    Très belle épreuve imprimée en sanguine, marge.

BOREL (d'après A.)

27. L'Amour puni, par Avril.
   Très belle épreuve avant toutes lettres.

28. La Bascule, — Le Charlatan. Deux pièces faisant pendants, gravées par Léveillé.
   Superbes épreuves imprimées en couleur, d'une très grande fraîcheur.

29. L'Indiscret, par Dequevauviller.
   Très rare épreuve à l'eau-forte pure, avant toutes lettres, seulement les lettres A. P. D. R. tracées à la pointe sèche sous le trait carré au milieu de la marge, avant l'encadrement et avant quelques changements, notamment dans le visage de la jeune femme couchée, dont l'expression est différente de celles des épreuves terminées, dans sa coiffure et dans le ciel du lit qui, par la suite, a été élevé.

30. Le Paysan mécontent, par J.-B. Morret.
   Superbe épreuve imprimée en couleur. Rare.

BOUCHER (d'après F.)

31. Le Départ du Courrier, — L'Arrivée du Courrier. Deux pièces faisant pendants, gravées par Beauvarlet.
   Superbes épreuves avant toutes lettres, marges.

32. La Fécondité, par Gaillard.
   Très rare épreuve avant toutes lettres, à l'état d'eau-forte.

33. Les Plaisirs de l'Été, par Moitte.
   Superbe épreuve avant la lettre, toute marge.

34. De trois choses, en ferez-vous une? par Fessard.
   Très rare épreuve avant toutes lettres, à l'état d'eau-forte pure, marge.

35. Le Réveil, par P.-C. Levesque.
   Très belle épreuve. Rare.

36. L'Amour prie Vénus de lui rendre ses armes, gravé aux trois crayons par L. Bonnet.
   Très belle épreuve, marge.

37. Vénus et l'Amour couchés sur des draperies.
   Très belle épreuve, marge.

BOUCHER et BOREL (d'après)

38. L'Attention dangereuse, — L'Abandon voluptueux. Deux pièces faisant pendants, gravées par Dennel.
   Très belles épreuves avant toutes lettres.

BRETON (A Paris chez Mme)

39. Le Matin, — Le Midy, — Le Soir, — La Nuit. Suite de quatre pièces de forme ovale, avec écoinçons ombrés.
   Très belles épreuves imprimées en couleur.

CARESME (d'après Ph.)

40. Les Plaisirs champêtres, par Wossinik.
   Très belle épreuve imprimée en couleur, marge.

41. Le Satyre impatient, gravé à l'eau-forte par Queverdo et terminé au burin par Anselin.
   Très rare épreuve avant toutes lettres, à l'état d'eau-forte.

CHALLIOU (A Paris chez)

42. Le Billet rendu. Jolie pièce de forme ronde.
   Superbe et rare épreuve avant toutes lettres, imprimée en sanguine, grande marge.

CHEVEAUX (d'après)

43. Le Bon Accord, — La Bonne ruse. Deux pièces faisant pendants, gravées sous la direction de Bonnet et publiées par lui.
   Très belles épreuves imprimées en couleur.

44. Le Joli Nid, — L'Entreprenant. Deux pièces faisant pendants, gravées sous la direction de Bonnet et publiées par lui.
   Très belles épreuves imprimées en couleur. Rares.

COCHIN (d'après C.-N.)

45. Portrait de l'abbé Pommyer, représenté assis sur une chaise, gravé à la sanguine par Demarteau (262).
   Superbe épreuve, toute marge.

DAVESNES (d'après)

46. Les Cerises, — Les Prunes. Deux pièces faisant pendants, gravées par Vidal.

    Très belles et rares épreuves avant toutes lettres, à l'état d'eau-forte.

DEBUCOURT (P.-L.)

47. Le Menuet de la Mariée.

    Magnifique épreuve imprimée en couleur, avant toutes lettres et avant les armes, seulement l'inscription : *Peint et gravé par De Ducourt, peintre du Roi.* 1785, tracée à la pointe sous le trait carré à gauche, avec marge. Extrêmement rare en cet état. Cadre en bois sculpté.

48. L'Escalade ou les Adieux du matin. 1787. — Heur et Malheur, ou la cruche cassée. 1787. Deux pièces faisant pendants.

    Superbes épreuves imprimées en couleur.

49. Promenade de la Galerie du Palais-Royal. 1787.

    Magnifique épreuve imprimée en couleur, du premier état, avant les numéros sur les boutiques du fond et avant l'adresse. De la plus grande fraîcheur, avec marge. Très rare en cet état et condition. Cadre en bois sculpté.

50. Promenade du jardin du Palais-Royal. 1787.

    Superbe épreuve imprimée en couleur, sans marge, dans un cadre en bois sculpté.

51. Promenade du Jardin du Palais-Royal. 1787.

    Épreuve à l'état d'eau-forte; elle est avant quelques changements, notamment dans la coiffure de la jeune femme assise, au milieu de la composition, près d'une table sur laquelle elle s'appuie. De la plus grande rareté, sinon unique.

52. Les Bouquets ou la Fête à la Grand'Maman, — Les Compliments ou la Matinée du Jour de l'An. Deux pièces faisant pendants. 1788.

    Superbes épreuves imprimées en couleur. Encadrées.

53. Almanach National. 1791. Dédié aux amis de la Constitution.

    Très rare et belle épreuve, imprimée en noir, avant toutes lettres et avec marge. Le médaillon dans le haut où est représenté le portrait du Roi ayant été découpé, est refait au pinceau

DEBUCOURT (P.-L,)

54. La Promenade publique. 1792.
    Superbe épreuve avant la lettre, imprimée en couleur. Cadre en bois sculpté.

55. La Rose mal défendue, gravé de format in-4, par Bonemain.
    Superbe épreuve, marge.

56. Pauvre Annette.
    Très belle épreuve en couleur, toute marge.

57. Jouis tendre mère.
    Superbe épreuve avant la lettre, imprimée en couleur. Encadrée.

58. Un Usurier. 1804.
    Très belle épreuve en couleur, marge.

59. Les Courses du matin, ou la Porte d'un riche. 1805.
    Superbe et rare épreuve avant toutes lettres, marge.

DEMARTEAU

60. Portrait d'une Jeune fille en buste, d'après Van Loo.
    Très belle épreuve imprimée en sanguine, grande marge.

DESCOURTIS (C.)

61. *Sophie-Wilhelmine*, princesse de Prusse, d'après Hentzi, In-fol.
    Superbe épreuve, imprimée en couleur, montée en dessin, dans un cadre ovale en bois, avec fronton.

62. Vue de la porte Saint-Bernard, prise au bas de la rive dudit quay, — Vue du port Saint-Paul, prise au bas du parapet dudit quay. Deux pièces faisant pendants, d'après de Machy.
    Très belles épreuves, imprimées en couleur.

DESHAYES (d'après J.-B.)

63. La Fidélité surveillante, par A.-F. Hemery.
    Superbe épreuve avant la lettre et avant l'encadrement, grande marge.

DESRAIS (C.-L.)

20 64. L'Amant entreprenant. Jolie pièce d'intérieur, gravée au trait, comme préparation de gravure en couleur.

> Très rare épreuve avant toutes lettres; seulement le nom de Desrais, tracé à la pointe sous le trait carré, à gauche.

DESRAIS (d'après C.-L.)

5 — 65. La Femme vengée. Jolie pièce d'intérieur, gravée au trait, pour préparation de gravure en couleur.

> Très belle épreuve avant toutes lettres. Au verso, une épreuve du même sujet, moins bien venue. Rare.

12 66. Où est donc cet abbé que je l'achève ? Jolie pièce in-4 en largeur, gravée à l'aquatinte.

> Très belle épreuve. Rare.

120. 67. Promenade du boulevard Italien, ou le petit Coblentz, gravé par Voysard.

> Très belle épreuve en couleur du premier tirage; les arbres du fond ont moins de branches et sont sans feuilles, et avant le cinquième arbre, que l'on voit seulement en partie, à droite. Encadrée.

78 68. La Pudeur alarmée, par Mixelle. Pièce publié à Londres par Vivarès.

> Superbe épreuve avant la lettre, imprimée en couleur.

DUGOURE (d'après D.)

90 69. Le Lever de la Mariée, par Ph. Trière.

> Très rare épreuve avant toutes lettres, à l'état d'eau-forte pure.

DUTAILLY (d'après)

40 70. On doit à sa patrie le sacrifice de ses plus chères affections, gravé par Coqueret.

> Superbe et rare épreuve avant la lettre, imprimée en couleur.

ÉCOLE FRANÇAISE XVIII° SIÈCLE

61 *71. L'Attention dangereuse, — La Bergère renversée. Deux pièces de forme ovale en largeur, faisant pendants.

> Très belles épreuves avant toutes lettres, imprimées en couleur. Rares.

ÉCOLE FRANÇAISE XVIIIe SIÈCLE

72. La rusée commère, — La Toilette, — Le sommeil interrompu, — Cligne-musette, — L'Apothicaire charitable, — La remontrance du curé, — Frère Luce, — Le Mari pressé, — Satyre amoureux, — Les Amants surpris, — Le Jeu de la main chaude, etc. Quinze pièces pour modèles de dessus de boîtes et tabatières.
    Très belles épreuves.

EISEN (d'après F.)

73. Le Vieux Débauché, par Voder.
    Très belle épreuve.

FRAGONARD (d'après H.)

74. L'Armoire, par R. De Launoy.
    Très belle et rare épreuve avant toutes lettres, à l'état d'eau-forte pure, toute marge.

75. Le Baiser à la dérobée, par N.-F. Regnault.
    Très belle épreuve avant toute lettre ; seulement le nom de Regnault, tracé à la pointe sous le trait carré.

76. La Chemise enlevée, par E. Guersant.
    Superbe épreuve avec grande marge. Très rare de cette qualité.

77. La Coquette fixée, gravé à l'eau-forte par J. Couché et terminé au burin par Dambrun.
    Superbe et rare épreuve avant toutes lettres, marge.

78. Ma chemise brûle, par A.-L. Legrand. —
    Superbe et rare épreuve avant toutes lettres.

79. S'il m'était aussi fidèle, par Dennel.
    Très belle épreuve avant toutes lettres.

FREUDEBERG (d'après S.)

80. La Leçon de clavecin, — La Leçon de guitare. Deux charmantes compositions des plus intéressantes, comme costumes et intérieurs, faisant pendants.
    Très belles épreuves en couleur. Rares. Encadrées.

FREUDEBERG (d'après S.)

81. Dans un riche intérieur, élégamment décoré, un jeune homme en déshabillé est assis près d'un bureau ; il prend, d'une main, le menton d'une jeune femme, marchande ou soubrette, qui, debout près de lui, tient à la main un nœud de cheveux ; de l'autre, il lui montre un sac d'écus. Un ami qui entre, s'arrête surpris en voyant cette scène. Composition de trois personnages.

Épreuve dans un état d'eau-forte avancé d'une pièce de la plus grande rareté, sinon unique, qui n'a jamais été terminée. Son encadrement, ses dimensions et sa disposition générale étant les mêmes que ceux de la pièce intitulée : *les Mœurs du temps*, nous croyons qu'elle était destinée à lui faire pendant.

GARNERAY (d'après A.-B.)

82. La Jarretière, par Michault et Legrand.

Superbe et très rare épreuve avant toutes lettres ; seulement les noms des artistes tracés à la pointe.

GEF...

83. Le Marché conclu, — La Main chaude. Deux pièces in-8 médaillons en largeur, faisant pendants.

Très belles épreuves, imprimées en sanguine. Rares.

GÉRARD (d'après Mlle)

84. Les Regrets mérités, par De Launay.

Très belle et rare épreuve à l'état d'eau-forte, avant toutes lettres et avec la place des armoiries en blanc.

DE GOUY (A.-M.)

85. Chu-u-u. Jolie pièce de forme ovale, gravée en réduction de l'Estampe intitulée : *The Officious Waiting Woman*, d'après Schalle.

Très belle épreuve, imprimée en couleur. Encadrée.

86. Cou-cou. Jolie pièce de forme ovale gravée en réduction de l'Estampe intitulée : *Dors, dors*. D'après N.-F. Regnault.

Très belle épreuve imprimée en couleur. Encadrée.

GREUZE (d'après J.-B.)

87. La Brodeuse endormie, par Henriquez.
   Superbe et rare épreuve avant toutes lettres, avant les armes et la tablette blanche.

88. La Philosophie endormie (portrait de Mme Greuze). Gravé à l'eau-forte par Moreau le jeune, et terminé au burin par Aliamet.
   Superbe et très rare épreuve avant toutes lettres.

GUYOT (L.)

89. Le Colin-maillard, — Le Concert. Deux pièces faisant pendants, de forme ovale en largeur, d'après Dutailly.
   Très belles épreuves, imprimées en couleur, sans marges. Encadrées.

HUET (d'après J.-B.)

90. Autel de la liberté française, gravé par Hélier.
   Très belle épreuve, imprimée en couleur sur satin. Encadrée.

91. La Belle cachette, par L. Bonnet.
   Superbe épreuve, imprimée en couleur, grande marge.

92. Ce qui est bon à prendre est bon à garder, par A. Chaponnier.
   Très belle épreuve avant la lettre, toute marge.

93. Le Midi, par Bonnet.
   Très rare épreuve à l'état d'eau-forte, comme préparation de la planche en couleur, avant toutes lettres.

94. Nymphes et satyre.
   Très belle épreuve avant la lettre, imprimée en bistre.

95. Vénus enflammée par l'amour, par Bonnet.
   Très belle épreuve, imprimée en couleur, marge.

IMBERT (d'après F.)

96. La Curieuse, par C.-F. Letellier.
   Très belle épreuve avant la lettre.

JANINET (F.)

97. Portrait de *Marie-Antoinette* d'Autriche, reine de France et de Navarre, 1777. In-fol.

Superbe épreuve imprimée en couleur, avec grande marge; son cadre ornementé en couleur et rehaussé d'or, est monté sur charnière; il est mobile et n'est pas fixé à l'estampe. Très rare, en aussi bel état.

98. Mlle Duthé, d'après Lemoine. In-fol.

Superbe épreuve, imprimée en couleur, le portrait découpé sur la bordure, qui est entière, avec marge. Rare de cette qualité. Cadre en bois sculpté, avec riche fronton.

99. Portrait d'une jeune princesse (Frédérique-Wilhelmine de Prusse?), vue de face; dans un parc, accoudée à l'angle d'une balustrade, elle tient dans sa main droite une couronne de fleurs, dans la gauche un portrait d'homme. In-8, en médaillon rond.

Superbe et très rare épreuve avant toutes lettres, en couleur, toute marge.

100. Nina, d'après Hoin (portrait de Mme Dugazon dans le rôle de Nina ou la Folle par amour). Imprimé en couleur.

Magnifique épreuve avant toutes lettres. Elle est de la plus grande fraîcheur et a toute sa marge. De la plus grande rareté en cet état et condition.

101. La Toilette de Vénus, d'après F. Boucher.

Superbe épreuve avant la lettre, imprimée en couleur. Très rare.

102. L'Ambigu. Composition, d'après Moreau le jeune, intitulée : l'*Ingénue*, dans les chansons de La Borde.

Superbe épreuve, imprimée en couleur. Très rare.

103. Cinq bustes de jeunes femmes, dont un tout petit, réunis sur une même planche.

Très belle épreuve avant toutes lettres, imprimée en couleur.

104. Les Trois Grâces, d'après Pelligrini.

Superbe épreuve avant la lettre et avant la guirlande de fleurs, imprimée en couleur, toute marge.

JANINET (F.)

60 × 105. Projet de Monument à ériger pour le Roi, d'après de Varennes. Dessin de Moreau le jeune. *Bac. St*
   Très belle épreuve, imprimée en couleur.

80 106. Le Baiser de l'amitié, d'après Doublet.
   Très belle épreuve, imprimée en couleur. Encadrée.

193 107. La Réunion des plaisirs, d'après Le Clerc.
   Superbe épreuve, imprimée en couleur, avec marge. Cadre en bois sculpté.

39 108. L'Amour désarmé par Vénus, in-4 ovale, d'après F. Boucher.
   Très belle épreuve, imprimée en couleur.

110 *109. Vénus et l'Amour sortant du bain, d'après Boucher. In-4 ovale. *Degl. Ght*
   Superbe épreuve avant toutes lettres, imprimée en couleur, marge.

50 110. Le Sommeil de Diane, d'après Le Barbier.
   Superbe épreuve, imprimée en couleur, avant toutes lettres et avec toute sa marge.

84 × 111. Sommeil de Vénus, — Réveil de Vénus. Deux pièces faisant pendants, d'après Charlier.
   Très belles épreuves, imprimées en couleur. Encadrées.

508 ××112. L'Offrande à l'Amour, d'après Lagrenée.
   Superbe épreuve avant toutes lettres, imprimée en couleur, marge.

24 { 113. Bacchante endormie, d'après Le Barbier.
      Superbe épreuve avant la lettre, imprimée en couleur.
   { 114. Tarquin et Lucrèce, d'après Eisen.
      Belle épreuve, imprimée en couleur, marge.

JAZET (J.-P.-M.)

260 115. La Promenade du jardin Turc, d'après J.-J. de B.
   Superbe épreuve en couleur. Encadrée.

910 116. Louis XVI recevant le duc d'Enghien au séjour des Bienheureux, d'après Roehn.
   Très belle épreuve en couleur, encadrée; en dessous, dans le même cadre, le trait explicatif de la composition. Rare.

— 18 —

JOLLAIN (d'après)

117. Le Bain, — La Toilette. Deux pièces faisant pendants, gravées par L. Bonnet.

Très belles épreuves, imprimées en couleur, marges.

LAVREINCE (d'après N.)

118. L'Accident imprévu, — La Sentinelle en défaut. Deux pièces faisant pendants, gravées par Darcis (E. B. 1 et 58).

Superbes épreuves, imprimées en couleur, grandes marges.

119. Ah ! laisse-moi donc voir, par Janinet. (E. B., 2).

Magnifique épreuve avant toutes lettres, imprimée en couleur. Elle est de la plus grande fraîcheur et a toute sa marge. De toute rareté en aussi belle condition.

120. Ah ! quel doux plaisir ! — Je touche au Bonheur. Deux pièces faisant pendants, gravées par Copia (3 et 34).

Superbes épreuves, imprimées en bistre, les figures et les mains en couleur. Extrêmement rare.

121. L'Assemblée au salon, par F. Dequevauviller (6).

Très belle épreuve du premier état à l'eau-forte pure, avant toute lettre. Très rare.

122. Le Billet doux, par N. de Launay (10).

Très rare épreuve à l'eau-forte pure, avant toute lettre et avant les armes. Dans cet état, le chat qui dort aux pieds de la jeune femme n'existe pas.

123. Le Bosquet d'amour, par J.-B. Chapuy (11).

Très belle et rare épreuve imprimée en couleur, du premier état, avant que le titre ait été changé en celui de : *les Grâces parisiennes au bois de Saint-Cloud*. Marge.

124. La Promenade au bois de Vincennes, par J.-B. Chapuy (50).

Très belle et rare épreuve imprimée en couleur, du premier état, avant que le titre ait été changé en celui de : *les Trois Sœurs au parc de Vincennes*. La partie inférieure de la marge où se trouve l'adresse est coupée.

125. Les Deux Jeux, par Egairam (20).

Très belle épreuve imprimée en sanguine. Très rare.

LAVREINCE (d'après N.)

126. L'Automne (7), — L'Été (24), — L'Hiver (29), — Le Printemps (49). Suite de quatre pièces publiées chez Vidal.
    Très belles épreuves imprimées en couleur. Encadrées.

127. L'Aveu difficile, par Janinet (8).
    Très belle épreuve imprimée en couleur. Encadrée.

128. La Comparaison, par Janinet (12).
    Très belle épreuve imprimée en couleur. Encadrée.

129. La même composition, gravés en contrepartie, de forme ovale, par Partout, sous le titre de : *The Comparaison*.
    Très belle épreuve. Marge.

130. La Consolation de l'absence, gravé en réduction de format in-8, dans un médaillon avec écoinçons.
    Très belle épreuve avant la lettre, imprimée d'un ton un peu bistré et publiée en Angleterre par Taylor, en 1786. Marge.

131. Le Contre-Temps, par Dequevauviller (15).
    Très belle et rare épreuve à l'état d'eau-forte pure, avant toute lettre et avant l'encadrement. Marge.

132. Le Déjeuner anglais, — La Leçon interrompue. Deux pièces faisant pendants, gravées par Vidal (17 et 35).
    Superbes épreuves en couleur, marges.

133. Le Déjeuner en tête à tête, — L'Ouvrière en dentelle, Deux pièces faisant pendants (18 et 45).
    Magnifiques épreuves imprimées en couleur, d'une extrême rareté.

134. Les Deux Cages ou la plus heureuse, par de Bréa (19).
    Superbe et rare épreuve du premier état avant toute lettre.

135. Henri *Gahn*, docteur Suédois, gravé par A.-V. Berndes.
    Très belle épreuve. Rare.

136. *Gustave III*, roi de Suède, gravé par Gaucher (26).
    Très belle épreuve.

137.

LAVREINCE (d'après N.)

137. Le même personnage, gravé par Delvaux, également d'après Lavreince.

   Très belle épreuve, marge.

138. L'Heureux Moment, par N. de Launay (28).

   Superbe épreuve, extrêmement rare, à l'état d'eau-forte pure, avant toute lettre et avant les armes, dont la partie supérieure est ménagée en blanc dans l'encadrement. Dans cet état, le petit chien n'existe pas, et la jeune femme a une jambe étendue sur le canapé.

139. La même composition, gravée en réduction et en contrepartie par Mairé.

   Très belle épreuve imprimée en sanguine, marge.

140. L'Indiscrétion, par Janinet (30).

   Superbe épreuve imprimée en couleur, sans marge. Encadrée.

141. Jamais d'accord, — Le Serin chéri. Deux pièces faisant pendants, gravées par Denargle (Legrand) (32 et 59).

   Magnifiques épreuves imprimées en couleur, avec belles marges. Rares en aussi bel état.

142. Le Lever des ouvrières en modes, par L.-C. (Le Cœur) (36).

   Très belle épreuve imprimée en couleur. Rare.

143. La même composition, gravée en réduction, sans nom de graveur.

   Très belle épreuve imprimée en bistre. Rare.

144. Le Mercure de France, gravé en réduction et en contrepartie de l'Estampe de Guttenberg, par de Villeneuve (38).

   Très belle épreuve. Rare.

145. Mrs Merteuil and Miss Cecile Vollange, par Romain Girard (39).

   Très belle épreuve, marge.

146. Nina, par Collinet (41).

   Très belle et rare épreuve imprimée en couleur.

LAVREINCE (d'après N.)

147. Les Offres séduisantes, par J.-L. Delignon (43).
    Superbe et rare épreuve avant toute lettre, seulement les noms des artistes tracés à la pointe.

148. On y va deux (E. B., 44). Il n'est plus temps, d'après Simonneau. Deux pièces faisant pendants, gravées par S. Benossi.
    Très belles épreuves imprimées en bistre. Rares.

149. Le Serment amoureux, même composition, d'un format plus grand que celle ci-dessus, intitulée : *On y va deux*, gravée par Venzo.
    Très belle épreuve en couleur, grande marge. Rare.

150. Ah! le joli petit chien (27). — Le Petit Conseil (48). Deux pièces faisant pendants, gravées par Janinet.
    Très belles épreuves imprimées en couleur.

151. Qu'en dit l'Abbé? par N. de Launay (51).
    Superbe et rare épreuve à l'état d'eau-forte avancé, avant toute lettre, avant les armes et avant de nombreux changements, notamment ceux que l'on remarque dans les têtes des femmes, qui toutes ont une expression qui a été modifiée dans les épreuves terminées, ainsi que leurs coiffures qui sont différentes.

152. La Séparation inattendue, même composition en contre-partie de l'Estampe intitulée : *Le Repentir tardif*, gravé par Chapuy? (52).
    Superbe épreuve imprimée en couleur, grande marge. Très rare.

153. Le Retour à la vertu, sans nom de graveur, M. Bocher dit probablement par Janinet (55).
    Superbe épreuve d'une pièce très rare, imprimée en couleur.

154. Le Roman dangereux, par Helman (56).
    Très belle épreuve, grande marge.

155. Les Sabots, par J. Couché (57).
    Très rare épreuve à l'état d'eau-forte pure, avant toute lettre, seulement les noms des artistes tracés à la pointe.

LAVREINCE (d'après N.)

156. Valmont and Emilie, par R. Girard (62).

    Très belle épreuve, marge.

157. Les Petits Favoris. Pièce appelée par M. Bocher : *Le Joli Chien*, gravé par Chapuy (E. B., 4 des pièces attribuées à Lavreince).

    Très belle épreuve imprimée en couleur, remmargée.

158. La même composition, gravée de forme ovale, sans nom de graveur, sous le titre de : Le Joli Chien, publiée chez Legrand.

    Superbe épreuve imprimée en couleur, toute marge. Rare.

159. Le Séducteur, par N. de Launay (E. B., 7 des pièces attribuées à Lavreince).

    Superbe et rare épreuve à l'état d'eau-forte, avant toute lettre. Marge.

160. The Green plot (E. B., 10 des pièces attribuées à Lavreince). — The Grove (E. B., 73 des pièces attribuées à J.-M. Moreau). Deux pièces faisant pendants.

    Superbes épreuves avant toute lettre et avant la tablette. Toutes marges. Très rares dans ces état et condition.

LAVREINCE et BRION (d'après)

161. La Comparaison, — La Réponse embarrassante. Deux pièces faisant pendants, gravées par J.-B. Chapuy.

    Superbes épreuves imprimées en couleur, avec belles marges. Rares.

LAVREINCE et BOREL (d'après)

162. S'il m'aime, il viendra, — Elle ne s'était pas trompée. Deux pièces faisant pendants gravées en réduction des estampes intitulées : *Le Petit Conseil*, et : *Vous avez la clef, mais il a trouvé la serrure.*

    Très belles épreuves, les figures imprimées en couleur.

LAVREINCE (attribué à N.)

163. Non, je ne veux pas voir. Composition de trois figures, de forme ovale, probablement gravée par Chapuy.
   Très belle épreuve imprimée en couleur, sans marge.

164. La Soirée du Palais-Royal, par Caquet.
   Superbe épreuve, toute marge.

LE BEL (d'après E.)

165. Le Coup de vent, par A. Girardet. 1785.
   Superbe épreuve avant la lettre, grande marge.

166. La voilà prise! gravé par Lerouge.
   Belle épreuve avant la lettre, toute marge.

LE CLERC (d'après)

167. A beau cacher, — Le Bon Logis. Deux pièces faisant pendants, gravées par L.-M. Bonnet.
   Superbes et rares épreuves avant toute lettre, imprimées en sanguine, marges.

LE CŒUR (A Paris chez)

168. Ne vous y fiez pas. Pièce ovale en hauteur.
   Très belle épreuve imprimée en couleur.

169. Le Repos de la Volupté, — Lindor et Zélia. Deux pièces sujets galants, de forme ronde.
   Très belles épreuves imprimées en couleur, grandes marges.

170. S'il cassait, — Prends-le. Deux pièces galantes, de formes rondes.
   Très belles épreuves imprimées en couleur; la seconde est avant l'adresse de Le Cœur et avant le numéro de son catalogue, dans le haut.

171. S'il mordait, — Bon, t'y voilà! Deux pièces galantes de formes rondes faisant pendants.
   Très belles épreuves imprimées en couleur, avant l'adresse de Le Cœur et avant le numéro de son catalogue, dans le haut. Une a toute sa marge.

LE GENDRE (d'après)

172. *Hannetaire* (Mlle Eugénie d'), jouant de la harpe, dans les *Trois Sultanes*, gravé par Chevillet.

Superbe épreuve avant la lettre, toutes marges.

LE GRAND (Augustin)

173. Ques-la, d'après Valet.

Très belle épreuve.

LEPEINTRE (d'après C.)

174. La Cage symbolique, par Fessard.

Superbe et très rare épreuve avant toute lettre, avec le fleuron; la tablette est blanche et indiquée par un simple filet. Dans cet état, le chat qui est sur la table, près de la cage, est vu de face. Très grande marge.

LEPICIÉ (d'après)

175. Le Ménage de bonnes gens, par De Longueil.

Très belle et rare épreuve du premier état, à l'eau-forte pure, avant toute lettre.

DE LONGUEIL (J.)

176. Les Dons imprudents, — Le Retour à la vertu. Deux pièces faisant pendants.

Superbes épreuves avant toute lettre, imprimées en couleur, avec marges. Encadrées.

MALLET (d'après)

177. Chit! Chit!... — Par ici!... Deux charmantes petites pièces faisant pendants, gravées par Copia.

Très belles épreuves, dont une avec grande marge.

178. Julie, ou le premier baiser de l'amour, par Copia.

Superbe et rare épreuve imprimée en couleur, toute marge.

MIXELLE

179. Le Matin, — Le Roman. Deux pièces faisant pendants, gravées d'après Garneret, et imprimées en couleur.

Superbes épreuves. La dernière est avant que le jupon ait été allongé. Très rares.

MOITTE (d'après P.-E.)

180. L'Ecueil de l'Innocence, par Deny.
> Très belle et rare épreuve avant les noms des artistes, l'adresse de l'auteur et avant que la chemise ait été allongée.

181. La Surprise agréable, par Vidal.
> Superbe épreuve avant toutes lettres et avant les retouches à la draperie.

MONGIN (d'après)

182. Finis, Pierrot! si l'on nous voyait! — Ah! Ah! je vous y prends. Deux pièces faisant pendants, gravées par Beljambe.
> Superbes épreuves, imprimées en bistre. Rares.

MONNET (d'après C.)

183. Les Baigneuses surprises, par Vidal.
> Superbe épreuve avant toutes lettres, avant de nombreux travaux et avant les changements dans les cheveux.

184. Jupiter et Anthiope, par Vidal.
> Très belle épreuve avant toutes lettres et avant la draperie.

185. Jupiter et Io, par Vidal.
> Très belle épreuve avant toutes lettres et avant la draperie.

186. Renaud et Armide, par Vidal.
> Très belle épreuve avant toutes lettres et avant la draperie.

187. Le Roi d'Éthiopie abusant de son pouvoir, par Vidal.
> Très belle épreuve avant toutes lettres et avant la draperie.

188. Salmacis et Hermaphrodite, par Vidal.
> Très belle épreuve avant toutes lettres.

189. Vénus et Adonis, par Vidal.
> Très belle épreuve avant toutes lettres et avant la draperie.

MOREAU (d'après L.)

190. L'Escarpolette, — Le Villageois entreprenant. Deux pièces faisant pendants, gravées à l'eau-forte par Germain et terminées au burin par Patas.
> Superbes et très rares épreuves avant la lettre et avant quelques légers travaux, marges.

— 26 —

MOREAU (d'après J.-M.)

191. Les Adieux, par de Launay le jeune. 1777.
Superbe épreuve avec les lettres A. P. D. R., toute marge.

192. Oui ou non, par N. Thomas. 1781.
Superbe épreuve avec les lettres A. P. D. R., toute marge.

193. La Partie de Whist, par J. Dambrun.
Superbe épreuve avec les lettres A. P. D. R. Toute marge.

194. La Petite Loge, par Patas.
Superbe épreuve avec les lettres A. P. D. R., très grande marge.

MULLER (J.-G.)

195. *Vigée-Lebrun* (Mme Louise-Élisabeth), d'après elle-même. In-fol.
Superbe épreuve avant toutes lettres.

PAROY (le comte DE)

196. *Polignac* (Mme la duchesse de), étudiant un morceau de musique, d'après Mme Le Brun, — *Le Brun* (Madame Vigée), d'après elle-même. Deux portraits, in-8, ovales, faisant pendants.
Très belles épreuves. Cadres en bois sculpté.

PORPORATI (N.)

197. Le Coucher, d'après Vanloo.
Superbe épreuve avant toutes lettres.

QUEVERDO (d'après F.-M.)

198. Nouvelle du Bien-Aimé, gravé à l'eau-forte par Queverdo et terminé au burin par Romanet.
Très rare épreuve; à l'état d'eau-forte, de l'une des plus jolies pièces du maître, marge.

199. Le Repos, par Dambrun.
Superbe et rare épreuve avant toutes lettres, marge.

QUEVERDO (d'après F.-M.)

200. Le Sommeil favorable, — L'Amant entreprenant. Deux pièces faisant pendants, médaillons avec bordures ornementées et cartouches en bas avec vers. A Paris, chez Martinet.

Très belles épreuves. Rares.

QUEVERDO (Genre de)

201. Le Baigneur. — L'Éducation de l'amour. Deux pièces gracieuses faisant pendants, avec vers en bas.

Très belles épreuves. Rares.

RÉVOLUTION (Pièces de l'époque de la)

202. Grand débandement de l'armée anticonstitutionnelle. Pièce en largeur, avec légende en bas.

Très belle épreuve.

203. A la bonne heure... chacun son écot !

Très belle épreuve.

SAINT-AUBIN (Aug. de)

204. Adrienne Sophie, marquise de *** (E. B., 72).

Superbe épreuve, toute marge.

205. Jupiter et Léda, d'après Paul Véronèse.

Superbe épreuve avant la lettre; seulement le titre et les noms d'auteurs tracés à la pointe, toute marge.

206. Le Réfractaire amoureux (457).

Superbe épreuve avant toutes lettres et avant de nombreux changements, notamment dans les armes et dans la figure de l'abbé, qui, par la suite, a été remplacée par celle d'un officier.

SAINT-AUBIN (d'après Aug. de)

207. Promenade des remparts de Paris; — Tableau des Portraits à la mode. Deux pièces faisant pendants, gravées par P.-F. Courtois (378 et 382).

Superbes épreuves, marges.

SAINT-AUBIN (d'après Aug. de)

208. L'Hommage réciproque, par Gautier (E. B., 411).
    Superbe et rare épreuve avant les vers au-dessous du titre, imprimée en couleur, grande marge.

209. La Jardinière, — La Savonneuse. Deux pièces faisant pendants, gravées par A. Sergent (416, 417).
    Très belles épreuves avant toutes lettres, imprimées en couleur. Rares.

SCHALLE (d'après F.)

210. Les Appas multipliés, par Dennel.
    Très belle épreuve avant toutes lettres, marge.

211. La Comparaison, par Bouillard et Dupréel.
    Très belle épreuve avant toutes lettres. Rare.

212. Familiarité dangereuse, par Nerbé.
    Très belle épreuve, toute marge.

213. Finissez, par Marchand.
    Superbe épreuve d'une seconde planche ovale équarrie, avec des expressions différentes de la planche carrée, avant toutes lettres; seulement le nom des artistes tracé à la pointe, marge. Rare.

214. Le Panier renversé, par E. Beisson.
    Très belle épreuve en couleur, grande marge.

215. La Pantoufle, par Marchand.
    Superbe épreuve avant toutes lettres et à toute marge. Rare en cet état.

216. La Ruelle, par Malapeau.
    Superbe épreuve avant toutes lettres et avant la chemise allongée.

217. The officious Waiting wooman, par Chaponnier.
    Très belle épreuve avant la lettre et avant le nom du peintre.

SERGENT (A.)

218. Il est trop tard.
    Magnifique et rare épreuve avant la lettre, imprimée en couleur, marge.

219. Portrait en pied du général Marceau. In-fol.
    Superbe épreuve, imprimée en couleur, marge.

SERGENT (A.)

220. *Necker*, d'après Duplessis. In-4.
   Très belle épreuve, imprimée en couleur.

TASSAERT

221. *Corday* (Charlotte), coiffée d'un chapeau, d'après Hauer.
   Très belle épreuve avec la tablette blanche et avec belle marge. Encadrée.

TOUZÉ (d'après J.-L.)

222. Les Amusements dangereux, par Voyez le jeune.
   Superbe épreuve avant la lettre, toute marge. Rare en cet état.

VANGORP (d'après)

223. C'est Papa, par R. de Launay.
   Très rare épreuve à l'état d'eau-forte, avant toutes lettres et avant le fleuron, dont la partie supérieure est ménagée en blanc dans l'encadrement.

VERNET (d'après C.)

224. Les Ennuyés chez eux (Intérieur du café Procope) gravé par Commarieux.
   Superbe épreuve avant la lettre, toute marge.

WILLE (d'après P.-A.)

225. La Demande acceptée, par Chevillet.
   Superbe épreuve avant toutes lettres, grandes marges.

226. L'Essai du Corset, par Dennel.
   Superbe et rare épreuve avant toutes lettres, marge.

WOLFF l'aîné (d'après)

227. La Douce minette, par Wolff, jeune.
   Très belle épreuve en couleur, marge.

LIVRES

228. **Carmontelle.** Jardin de Monceau près de Paris, appartenant à son Altesse Sérénissime Monseigneur le duc de Chartres. A Paris, chez Delafosse et Mrs Née et Masquelier. 1779. 1 vol. in-fol., vélin. Texte complet et dix-huit planches par divers graveurs, d'après Carmontelle.
<small>Très bel exemplaire non rogné. Rare.</small>

229. **Diorama** anglais, ou promenades pittoresques à Londres, renfermant les notes les plus exactes sur les caractères, les mœurs et usages de la nation anglaise, prises dans les différentes classes de la société, par M. S. Ouvrage orné de vingt-quatre planches gravées et enluminées, et de sujets caractéristiques. Paris, chez Jules Didot. 1823. 1 vol. in-8, demi-rel., mar. citr. Dos et coins.

230. **Janinet.** Vues pittoresques des principaux édifices de Paris. Suite de soixante-onze planches numérotées, de forme ronde, gravées en couleur par Janinet, d'après Durand. 1 vol. in-4, mar. rouge. Manque le titre.

231. **Leprince** (Xavier). Inconvénients d'un voyage en diligence. Douze tableaux lithographiés par M. Xavier Leprince. Paris, Sazerac et Duval. 1826. 1 vol. in-4, obl. demi-rel. bas. Dos et coins, planches coloriées.

232. **Monnier** (H.). Mœurs administratives. Dix-huit pièces coloriées, en 1 vol. in-4, demi-relié, mar. brun. Dos et coins. Très belles épreuves avec grandes marges.

233. **Recueil** de dix-huit caricatures sur la fondation de la République en Hollande, — N° 1. La Regenerazione

LIVRES

dell Olando, — 2. Il comitato di salute pubblica, — 3. Il comitato militare, 4. Il comitato finanze, — 5. Il comitato dei conti, — 6. Il comitato di commercio navigazione, — 7. Il comitato dei viveri, — 8. Il comitato di pubblica vigilanza, — 9. Il comitato di pubblica istruzione, — 10. Il comitato degli Alti, bassi e mezzani domini, — 11. Il comitato de poueri, — 12. Il comitato degli emigrati, — 13. Il comitato degli affari esteri, — 14. Il comitato delle requisizioni francesi, — 15. Il comitato della sanita, — 16. Il comitato della Scartare, — 17. Il comitato di Confedorazione, — 18. L'Unione dei rappresentanti del popolo di Olando. Ces dix-huit pièces coloriées, à toutes marges, en 1 vol. in-4, cartonné. Rares.

PARIS

IMPRIMERIE DE D. DUMOULIN ET Cie

5, Rue des Grands-Augustins, 5

PARIS

IMPRIMERIE D. DUMOULIN ET Cie

5, RUE DES GRANDS-AUGUSTINS, 5